T0380869

MADUREZ TEMPRANA DE UN NIÑO

¡Sí se puede!

escrito por:

Julián Lorenzana

Ilustraciones de Kersly Minoza y Glenna Smith

DEDICACIÓN

Dedico este libro al amor de mi vida, mi esposa Teresa, quien sufre de Parkinson's desde 1982. Esta terrible enfermedad le ha truncado la habilidad de pensar, de ver, de oir y de hablar. Y, por si fuera poco, le ha causado demencia. A pesar de eso, mientras todos sus sentidos estaban intactos, hizo lo posible por alentarme en todos mis esfuerzos más importantes, como mi canto, mis composiciones musicales, mis poemas, y mis cuentos. Todavía ahora, durante sus ratos de lucidez, a veces me pregunta, --¿Cómo va tu cuento?-- Y cuando le contesto con, --Pronto verás los resultados--, élla simplemente me da una bella sonrisa.

Dios la ha de recompensar de algún modo por su sufrimiento y por el estímulo que siempre me ha brindado.

Print information available on the last page

Illustrations on pages 4, 7, 15, 19, 27, 29, 31, and 45 by Glenna Smith.
Illustrations on pages 10, 22, 34, 40, 48 by Kersly Minoza

Rev. date: 04/272015

To order additional copies of this book, contact:
Xlibris
1-888-795-4274
www.Xlibris.com
Orders@Xlibris.com

TABLE OF CONTENTS

1 Una Muerte en la Familia..4

2 Julio, Pastor de Cabras... 12

3 Julio Pasa La Noche Trepado En Un Árbol.................. 18

4 Julio Se Convierte En Puerquero 25

5 Julio Pide Que Le Regresen Sus Cabras...................... 36

6 Julio Se Decide por Los Cerdos 42

7 Julio Se Despide 50

1
UNA MUERTE EN LA FAMILIA

---!Dios mío, Dios mío, ayúdame! !Por favor ayúdame! ---repetía esta plegaria entre sollozos mientras me encontraba trepado en un árbol. El terror no me permitía el sueño que desesperadamente necesitaba. Lo único que hacía era revivir los eventos de mis últimos años en la escuela. Mejorar mis estudios había sido mi único desafío y siempre lo enfrenté con éxito. Fueron años llenos de sueños y de alegrías.

Mi mundo de fantasías, un mundo libre de preocupaciones y lleno de sueños felices, se terminó repentinamente cuando tenía siete años. Una mañana primaveral, mi mamá fue a la escuela a recogernos a mis dos hermanos menores y a mí para darnos unas malas noticias.

---Los tres están ya grandecitos ---dijo con voz suave y tierna. Por eso creo que podrán apechugar estas malas noticias. Su papá acaba de morir y quiero que vengan a casa conmigo.

Aunque trató de disimularlo, percibí su dolor. Su voz pronto estalló en sollozos que me estremecieron el cuerpo. Me dieron ganas de llorar pero reprimí mis lágrimas. Cómo pude contener mis emociones en ese momento, nunca lo sabré. Estaba acostumbrado a darle rienda suelta a mis sentimientos. Mis hermanos no pudieron reprimir su llanto.

---Por favor, no te preocupes, mamá. Saldremos adelante-- le dije, a pesar de que sabía que lo echaríamos de menos.

La muerte de mi papá fue un golpe muy duro para todos, especialmente para mí. Desde el día de su muerte, empecé a pensar en el día en que tendría que dejar mis estudios para trabajar y así ayudar en la mantención de la familia.

Mis días en la escuela pasaron lentamente, felices casi siempre, menos cuando me acordaba de mi padre. Esos días fueron muy tristes para mí porque me acordaba de los días cuando jugábamos o cantábamos con él.

No recuerdo muchos incidentes en los cuales él y yo hacíamos algo juntos pero los que recuerdo me traen mucho placer y tristeza al mismo tiempo.

Éramos bastante pobres y, a pesar de que era muy trabajador, no podía comprarnos las clases de juguetes con los que otros niños jugaban. Me acuerdo de una vez cuando encontró una tapa de botella y me dijo ---Julio, este va a ser tu nuevo juguete. Lo tendré listo mañana.

---¿Cómo va a ser un juguete? –le pregunté--. Para mí es simplemente una tapa de botella ---agregué.

---Ya lo verás, hijo. Tendrás algo con qué jugar ---me aseguró.

Dos días después, al terminar la cena, me dio mi nuevo juguete. Una de las tapas la había allanado con un martillo y le había hecho dos agujeros en el centro. Luego, introdujo una cuerda por un agujero y lo extrajo por el otro lado. Luego lo regresó por el otro agujero y, finalmente, juntó las dos cuerdas en un nudo. Al notar

mi incredulidad me dijo --Te enseñaré cómo usarlo mañana. Se le llama 'zumbador'.

En seguida, todos nos salimos para afuera, como lo solíamos hacer cuando él no tenía nada especial que hacer. Preparaba varias cosas para sentarnos: una roca plana, una silla, una caja y una banca. Ya estando sentados, nos preguntaba --¿Qué quieren cantar?

Recuerdo que el que pensaba en una canción primero, levantaba la mano y mencionaba el título de la canción. Si la sabíamos todos, Papá empezaba la canción y nosotros lo seguíamos. Tres o cuatro de nosotros cantábamos con él y, ya cuando estábamos todos entonados, él o mi hermana Eva nos hacía segunda. Después de cada canción, nos decía, --¡Todos se avientan para cantar! Estoy seguro de que algún día uno de ustedes se convertirá en cantante profesional. ¡Estoy muy orgulloso de ustedes! Luego, le preguntaba a mi mamá, --¿No lo crees, Chuy?

Mi mamá simplemente contestaba con ---Yo no lo sé, ¡pero se oyeron a todo dar!

Después de cantar cinco o seis canciones, nos solía decir, ---Ya es tarde. Ya vámonos a dormir. Algunos de nosotros tenemos que madrugar mañana.

La siguiente vez que cantamos, le ha de haber puesto especial atención a mi canto porque, antes de acostarnos, me dijo ---Hijo, estamos buscando a alguien que remplace a Joselito en la Pastorela. Él es el niño que, en dueto con María, le canta el arrullo al Niño Jesús. Su familia se acaba de mudar del pueblo y buscamos a alguien que lo remplace. Creo que tú ya estás listo para tomar su lugar. Te he escuchado cantando el arrullo tantas veces que creo que ya lo sabes. ¿Qué dices? Todo lo que tienes que hacer es ensayarlo con María unas cuantas veces y harás un magnífi co trabajo. ¿Te gustaría tomar su lugar?

---Si tú crees que estoy listo y si los demás miembros de la Pastorela están de acuerdo, lo haré ---le contesté--. Mientras me ayudes a aprenderlo completamente, estoy seguro de que estaré listo. Sólo espero poder controlar mis nervios en los días de las presentaciones ---agregué.

---Muy bien. Ya quedó arreglado. Tendrás mucho éxito. Ahora, vámonos a dormir ---me dijo.

Otro de mis mejores recuerdos es uno en el cual mi papá estaba poniéndole techo a nuestra nueva casa. Vivíamos en una casa con techo de paja, de la cual no recuerdo casi nada. Las paredes de nuestra nueva casa eran de adobe y mi papá le estaba poniendo teja al techo. Mientras él trabajaba, yo jugaba con mi zumbador en el montón de adobes que él había preparado para la casa.

La temporada de lluvias se acercaba y mi papá trataba de terminar el techo apresuradamente. El cielo se nubló y apenas le había puesto teja a la mitad de un cuarto cuando, de repente, empezó a llover, ligeramente al principio y luego bastante tupido. Nosotros nos refugiamos en la parte ya tejada.

`Mientras llovía y después de que paró de llover, mi mamá trató de convencerlo de que se bajara, pero fue inútil. Estaba empapado y mi mamá temía que se enfermara. Insistía en que se bajara, aunque fuera sólo para cambiarse de ropa.

--Amorcito, estás bien mojado y hace frío. Te vas a enfermar. Bájate a ponerte ropa seca. Luego puedes seguir trabajando. La Pastorela es este domingo que viene y, si estás enfermo, no podrás cantar. Bájate y cámbiate de ropa –le rogaba Mamá.

--No puedo, Chuy—le dijo--. ¿Miras aquellas nubes a la distancia? Probablemente estarán aquí en dos o tres horas y tengo que terminar de tejar al menos este cuarto. Estoy bien. No tengo frío—insistió. Afortunadamente, cesó la lluvia tan de repente como había empezado. Salió el sol y seguimos haciendo lo que habíamos estado haciendo antes de que llegara la tormenta. Mi papá pudo terminar el tejado antes de que volviera a llover.

Llegó el domingo y, en preparación para la Navidad, presentamos la Pastorela por primera vez. Mi papá no se había enfermado y yo me aprendí mi parte lo mejor que pude. Puedo decir que la obra fue un rotundo éxito porque recibimos muchos aplausos y felicitaciones.

Mi parte en la Pastorela se hizo permanente cuando mi papá me dijo---¡Hiciste un trabajo excelente! Claro que yo siempre supe que así sería. Te felicito, hijo. Esa parte es tuya de hoy en adelante.

Cantar en la Pastorela fue una agradable y valiosa experiencia. Fue agradable porque me permitía pasar más tiempo con mi papá. Íbamos juntos a todos los ensayos de la Pastorela. A veces él cantaba la parte de María en dueto conmigo. ¡Me sentía feliz!

Años después de su muerte, las haciendas cercanas nos invitaban a presentar la Pastorela y estas cantadas fueron valiosas en el desarrollo de mi voz. Además, nos pagaban con comidas típicamente mexicanas. Como lo mensioné antes, éramos muy pobres y no podíamos comprar esa clase de comidas. Yo comía tanto que terminaba con el estómago incómodo y hasta a veces vomitaba. Permanecí en la Pastorela hasta que me mudé de mi pueblo, cuatro años más tarde.

A pesar de que algunos recuerdos me causaban mucha tristeza, me gustaba revivirlos en mi mente porque, como todos los niños, podía olvidarme de los recuerdos tristes y concentrarme en mis estudios. Mis días en la escuela estuvieron llenos de amistades y de actividades divertidas.

2

JULIO, PASTOR DE CABRAS

El segundo gran golpe a mi mundo libre de preocupaciones y lleno de sueños felices llegó cuando tenía diez años. Un día antes de que comenzaran las clases escolares, mis dos pequeños hermanos platicaban animadamente mientras se preparaban para ese día. Mi mamá me llamó a un lado y me dijo ---Julio, ya tienes diez años y creo que ya estás bastante grandecito para que nos ayudes con el sostén de la familia. No quisiera sacarte de la escuela porque sé lo mucho que te gusta, pero tengo que hacerlo. El Señor León está buscando a alguien que le pastorée sus cabras. Voy a hablar con él para ver si te da el trabajo. ¿Que te parece?

--Está bien, pero yo no sé nada de pastorear, ni cabras ni cualquiera otra clase de animales ---le contesté.

Aprenderás en el trabajo, después de que el Señor León te dé algunas instrucciones. No te preocupes. Aprenderás muy pronto. Además, aún no sabemos si te va a dar la chamba ---me explicó.

Yo le tenía miedo a toda clase de trabajos. No sólo no me sentía praparado para hacer ningún trabajo sino, también, era un niño miedoso. Al único lugar a donde había ido solo era a la escuela y para eso no se necesitaba mucho valor.

---¿Podré hacer el trabajo si me lo dan? --me preguntaba y le preguntaba a mi mamá repetidamente.

Visiones de pumas comiéndonos a mí y a mis cabras me invadían la mente. Mamá intentaba darme valor diciéndome ---No te preocupes. Tu pastoreo no te llevará a lugares donde hay animales salvajes. Dos días más tarde me enteré de que el señor León me había dado la chamba, a pesar de mi falta de preparación.

Un arroyo que baja de las montañas cercanas se convierte en dos arroyuelos al llegar a nuestro rancho. Uno de esos arroyuelos corre hacia el oeste y el otro corre hacia el sur, dividiendo el pueblo en tres partes. Durante las lluvias, este arroyo le causa estragos al pueblo, anegando las casas que se encuentran entre los dos arroyuelos. Pero la temporada de lluvias no llegaba hasta más tarde en el año y no tenía yo que preocuparme.

El plano donde pasteaban las cabras se encuentra al pie de la montaña. Entre el plano y la montaña, se encuentra una cerca bajita.----Siempre trata de mantener tu rabaño lejos de esa cerca ---el Señor León me advirtió al salir a mi primer día de trabajo---. Los pumas suelen bajar desde lo alto de la montaña hasta la cerca. Me da miedo pensar en lo que pasaría si las cabras encuentran un agujero en la cerca ---sus palabras me zumbaban en los oídos entre más cerquitas nos arrimábamos a la cerca. Pero llegamos al lugar de pasto sin que ninguna de las cabras se separara del rebaño y comieron calmadamente por horas.

Pocas horas antes de que se metiera el sol, junté mis cabras y empezamos el regreso a casa. A pesar de sentirme cansado, mi corazón se sentía hinchado de orgullo. --Gracias, Señor, por tu ayuda durante el día. Creo que mis cabras y yo estaremos bien --- le dije al empezar el regreso a casa. El canto siempre ha sido uno de mis pasatiempos y, en ese momento, comencé a cantar una melodía al ritmo de mis pasos.

Anden, mis cabras, ayúdenme a cantar

Creo que ya oigo a la gente platicar

Ya mero llegamos. Oigo las campanas repicar

No perdamos tiempo. No dejen de caminar

¡Viva la vida! Pronto descansaremos

Por eso………..

Dejé de cantar repentinamente porque vi a lo lejos a un hombre y a su perro caminando rumbo a nosotros. Al acercarse, su perro empezó a ladrarle a las cabras y él trató de calmarlo pero fracasó rotundamente. Temerosas, las cabras empezaron a correr para todos lados. En seguida, se dirigieron hacia la cerca y, para empeorar las cosas, encontraron un agujero en la cerca y desaparecieron por completo.

___¡Ya ve lo que su perro ha hecho! ---le grité bien enojado---. ¿Por qué no lo detuvo? ¿Ahora que voy a hacer? ---le pregunté.

---¡Lo siento mucho¡ Lo intenté pero no lo logré ---se disculpó---. Escucha. Puedo ayudarte a reunirlos, si quieres ---se ofreció.

---Lárguese y déjeme solo! ¡Llévese a su estúpido perro! ¡No necesito su ayuda! ---le dije tremendamente molesto, sin pensar en lo que decía.

La cólera me abrumaba en ese momento. Sentía que la cabeza me giraba. El sentido común se me había escapado por un rato. Pronto me calmé pero, para entonces, el hombre y su perro habían desaparecido.

El temor y la ira aumentaron al darme cuenta de que me había metido en un problema gigantezco. Luego pensé ---Si hubiera controlado mis emociones, no estaría en este trance. Lo hubiera dejado que me ayudara a reunir mis cabras. ¡Pero no! ¡Dejé que la ira me dominara por el momento!

Por un largo rato, quedé ahí desorientado y sin saber qué hacer, mientras mi manada se desparramaba. Cuando la ira y el miedo se me fueron, empecé a escalar la montaña en busca de mis cabras. Mi búsqueda continuó por horas sin ningún éxito. Al meterse el sol, mi temor se multiplicó cuando comprendí que, muy pronto, la obscuridad cubriría toda la región y mi trabajo se haría más difícil. Por eso decidí apresurar mi búsqueda antes de que obscureciera por completo.

Mi búsqueda pronto me llevó a un arroyo, cuya clara y burbujante agua me ofreció alivio a la terrible sed que empezaba a sentir. Mientras bebía agua, me vino a la mente un pensamiento ---Si yo tengo sed, las cabras han de tener sed también. Seguro estoy de que tienen que estar cerca de este arroyo.

Caminé siguiendo el arroyo por kilómetros pero no encontré ni una de mis cabras. Al caer la noche, el temor, el hambre y el frío se apoderaron de mí. Miedo tenía ahora más por mí que por mis cabras.

Después de un largo tiempo, llegué al manantial del arroyo. Para entonces ya tenía hambre pero lo único que me quedaba en mi morral de comida eran una barra de chocolate y una cajita de cerillos. Preparé una lumbrada cerca del manantial y me senté a comerme mi chocolate, mientras los ruidos de las ranas, de los buhos y de los grillos me hacían compañía. ¡Cómo me sentía solo en esa obscuridad, a pesar de la compañía ruidosa!

Después de comerme mi chocolate, decidí seguir el arroyo hacia abajo, esperando encontrar mi rebaño en el camino. Pensaba que este arroyuelo pasaba por mi pueblo y esperaba que me guiara de regreso a casa.

Momentos después, escuché lo que creí que eran gruñidos de pumas. Al principio, no me preocupé porque se escuchaban bastante lejos. Sin embargo, pronto se escucharon más cerca y más fuertes. ¿Será possible que una puma nos esté acechando? ---me pregunté atemorizado. Para ahuyentar ese miedo, empecé a hablar con las cabras. ---No queremos convertirnos en banquete de alguna puma hambriada, ¿verdad? Muy pronto ustedes estarán a salvo en su corral y yo estaré a salvo en mi casa con mi familia. ¡Ándenle, apresuremos el paso!

3

JULIO PASA LA NOCHE TREPADO EN UN ÁRBOL

De repente, un largo y escalofriante gruñido rompió el silencio de la noche. El terror me pasmó momentaneamente. Traté de reorganizar mis pensamientos pero los estrépitos latidos de mi corazón no me lo permitían. ---¡Diosito santo, por favor, protégenos! ¿Qué puedo hacer? ---estas palabras me salieron sin pensar. Quizás mi enseñanza religiosa surgió en ese momento de necesidad. Un árbol que no había visto antes por el miedo, repentinamente apareció en mi vista y rapidamente me subí a una altura segura. La seguridad de mis cabras se me olvidó por completo. En ese instante, yo sólo pensaba en mi seguridad. Permanecí agarrado de una rama del árbol por horas, titiritando de miedo y de frío.

A las primeras horas de la madrugada, mi juicio empezó a regresar. Pensé en permanecer en el árbol hasta que alguien viniera a rescatarme pero pronto comprendí que pasarían horas antes de que alguien me encontrara.

¡Que expectáculo! ¡Yo trepado en un árbol, abrazando una rama! Pensaba y rezaba para encontrar cómo salir de mi trance pero el miedo no me permitía pensar claramente. Aún se escuchaban gruñidos a lo lejos pero no se veía nada. Sabía que el alba vendría pronto y que todo a mi alrededor se podría ver.

Al abrazar la rama más de cerca para estar más seguro, sentí algo en la bolsa de mi camisa. --¡Cerillos, cerillos! –grité felizmente---. En las películas, los animales salvajes no se acercan a las fogatas. Quizás sea verdad en la vida real ---pensé--. Tengo que hacer la prueba.Aquí hay bastante leña. No solamente mantendrá a los animales alejados, sino que alguien podrá ver la lumbrada y los guiará hacia mí --agregué con esperanzas.

Una escalofriante idea turbó mis claros pensamientos por un momento ---¡Y si una puma de repente desciende sobre mí mientras preparo la lumbrada! Pero pronto a ese pensamiento lo remplazó otro más alentador. ---Puedo permanecer lo más cerca posible del árbol, por si me tengo que subir de inmediato.

Antes de que perdiera la confianza, me bajé del árbol y junté toda la leña que pude. Los oídos y los ojos los mantuve bien abiertos por si se acercara algún peligro. Afortunadamente, preparé mi hoguera sin singún problema. Me subí al árbol de nuevo y permanecí en él por un largo tiempo. Bajaba solamente para agregarle leña a la lumbre.

Mi estancia en el árbol me pareció eterna. Mientras estaba arriba, miraba para todos lados, esperando ver a algunas de mis cabras o a alguien que anduviera buscándome. Pero era imposible distinguir algo en ese ambiente obscuro. Más allá de unos cuantos pasos, la obscuridad era lo único que se veía.

Después de bajar del árbol varias veces para ponerle más leña a la lumbrada, decidí quedarme arriba hasta que apareciera la alborada. El tiempo parecía moverse al paso de un caracol. Lo que creía que eran horas pasando, eran, en realidad, sólo minutos. Tan trastornado estaba por la lentitud del tiempo que sentí volverme loco. Empecé a vociferar plegarias a Dios.---¡Por favor, Diosito, haz que pase el tiempo más rapidamente! Me están llegando el cansancio y el sueño. Tú bien sabes que no puedo relajarme porque sabes lo que va a pasar si me duermo. Si dejo de abrazar esta linda rama, se enfadará conmigo y me dejará caer al suelo, donde recibiré un golpe terrible. Si no me mato, me romperé los huesos y, ya incapacitado, le serviré de rico bocado a algún animal salvaje. Tú no quieres eso para mí, ¿verdad? Además, soy muy joven para morir. Por favor, ayúdame. Sé que tú puedes hacer que las horas pasen en segundos. Por favor, Diosito, ten piedad de mí.

Cuando me di cuenta de que estaba rogándole a Dios que me ayudara, me sentí mejor. Como no se me iba el sueño, decidí cantar y contar hasta mil en voz alta. Ya cuando no sabía más canciones y mi garganta estaba cansada y ronca, dejé de cantar y de contar. Afortunadamente, los primeros rayos de la luz del alba empezaban a iluminar mis alrededores y mi fe y mi confianza regresaron. Tenía la sensación de que todo iba a terminar bien. Comprendí que mi vociferación de antes del canto eran, en realidad, rezos a Dios. De alguna manera sabía que Él no me abandonaría y le di las gracias por mantenerme despierto.

Tan luego que el sol subió a un cuarto de su camino por el cielo, escuché a alguien gritando mi nombre. Mi corazón empezó a dar latidos a un ritmo diferente. El ánimo, la alegría y la gratitud le dieron un apretón diferente. Comencé a gritar pidiendo ayuda, pensando que alguien me escucharía.

Muy pronto me alegré al ver a dos hombres que se acercaban. Al acercarse más, me di cuenta de que eran Ramón y Patricio, dos trabajadores del Señor León.

---¡Hey, Ramón! ¡Aquí estoy, arriba en el árbol! ---le grité.

---¡Ya sabemos, Julio! ¡Nos dimos cuenta cuando gritabas pidiendo auxilio! ---contestó Patricio.

---Oye, Julio---. ¿Qué haces allá arriba en el árbol? ¿Estás observando el paisaje? ---preguntó Ramón burlonamente.

---¿Qué pasó? ¿Te atoraste allá arriba en el árbol? ---me preguntó Patricio---. Ándale, nosotros te ayudaremos a bajar del árbol. Has de estar bien cansado allá arriba ---agregó.

Al bajarme les dije ---¡Híjole! ¡No saben lo alegre que estoy de verlos! Hubo un tiempo durante el cual pensé que nunca regresaría a casa. Muchas gracias por encontrarme –les dije agradecido---. Pero, ¿Cómo supieron dónde encontrarme? ---les pregunté.

---No teníamos idea ---Ramón contestó---. Cuando tu mamá llegó a la casa del Señor León preguntando por ti, se veía muy preocupada. Le rogó al Señor León que mandara a alguien a buscarte. Claro que ya nos había dado un rifle a cada uno y nos había dicho que estuviéramos listos para salir a buscarte. Y cuando la noche llegó y tú no habías regresado, se preocupó demasiado. Estaba preocupado más por ti que por sus cabras. Entonces fue cuando salimos a buscarte.

--Cuando de recién salimos a buscarte, caminamos por horas y ya mero abandonábamos la búsqueda ---dijo Patricio. Estábamos asustados porque oímos los gruñidos de pumas a lo lejos. Pero seguimos adelante y ¡qué bueno que lo hicimos!---agregó.

Pero ¿por qué estabas arriba en el árbol? ¿Pasaste toda la noche arriba? ---preguntó Ramón.

---Así fue –le contesté--. Esos gruñidos que dicen que oyeron cuando escalaban la montaña, yo los escuché más temprano. Al principio se oían muy lejos pero cuando se oyeron más cerca, no sabía qué hacer. Lo único que se me ocurrió fue subirme al árbol más cercano. Me pasé toda la noche arriba pensando, rezando, cantando y gritando. Sí bajé allá cada y cuando pero sólo para prender una lumbrada o para agregarle leña a la misma. Pensé que la lumbrada mantendría lejos a los animals---. agregué.

Ya cuando me sentí a salvo, me acordé de mis cabras y les pregunté --¿Vieron algunas de mis cabras en su camino hacia aquí?

Ninguno de los dos me contestó de inmediato. Simplemente me vieron y un pensamiento terrible se me ocurrió.

---¡Dios mío! ¡La puma se las ha de haber comido a todas!---grité desaforidamente.

Después de unos cuantos minutos de silencio, Ramón me miró y me dijo--¡Qué aventura habrás tenido! Pero no te preocupes. Todo está bajo control. Ya vámonos a casa.

Cuando dijo eso, se me salieron las lagrimas, no sólo de gusto, sino también porque me había sentido un fracasado en mi primer intento en convertirme en un hombre.

Ya estando en mi casa, todos hicieron un alboroto en cuanto a mí. Mi mamá lloró y me abrazó diciendo ---Estoy contenta porque ya estás en casa. Ya no te preocupes por nada. Encontraron el rebaño, menos dos cabras. El Señor León se enteró de la causa del incidente y me aseguró que el trabajo es todavía tuyo.

---¡Gracias a Dios! ---yo dije, mientras mi mamá me abrazaba y me besaba.

4

JULIO SE CONVIERTE EN PUERQUERO

Diosito me ha de haber oído dándole las gracias porque mi trabajo continuó sin problems por varios meses. Pero una mañana, el Señor León me habló y me preguntó ---Julio, ¿Qué piensas de tu chamba?

---Por ahí va, yo digo. Las cabras nunca paran de caminar. Caminan continuamente. ¡Dios mío! Me cansan demasiado—repliqué.

---Pues bien. Estás haciendo buen trabajo pero quiero que cambies de chamba ---me dijo---. ¿Te gustaría cuidar mis cerdos? Los marranos caminan lentamente y suelen cansarse pronto o los molestan los rayos del sol, especialmente durante las horas más calientes del día. Buscan la sombra de algún árbol para acostarse y dormirse. Duran horas descansando. Eso te daría la oportunidad de descansar un rato. ¿Quiéres intentarlo? Si no te gusta, puedes regresar a cuidar cabras. Manuel es el puerquero pero me dijo que está dispuesto a cambiar trabajos contigo, al menos por un tiempo.

---¿Le estoy fallando en algo con las cabras? ¿Por qué quiere quitármelas? ---le pregunté.

---¡No, no, no, no! Estoy muy satisfecho con tu trabajo –me dijo--. Es que pienso que te estoy trabajando muy duro. Todavía eres un niño y estás haciendo el trabajo de un adulto. Necesitas más descanso y estoy seguro de que los cerdos te lo proporcionarán. ¿Qué dices? Puedes comenzar mañana. Habla con tu mamá sobre esto. Estoy seguro de que le agradará saber que no vas a caminar tanto ---me dijo.

---Está bien, Señor León. Nos vemos mañana ---le dije.

A la salida del sol el día siguiente, armado con una honda y un palo largo, me presenté en la casa del Señor León a recoger los puercos y a recibir sus instrucciones de último minuto. Contamos los puercos y me di cuenta de que eran treinta: cuatro machos, ocho hembras y dieciocho puerquitos de varios tamaños. Los saqué de su corral y nos dirigimos hacia el camino. Los machos iban al frente, seguidos por las hembras y al último los seguían los puerquitos. Su paso era lento y bastante ruidoso, por lo juguetón de los puerquitos.

Pronto llegamos a un campo donde la cosecha de maiz había sido segada recientemente y los puercos gozaban tragándose los granos de maíz después de extraerlos con el hocico. Cubrieron una area de milpa bastante amplia pero permanecieron juntos.

Al mero mediodía, los cerdos empezaron a agitarse. Algunos empezaron a refunfuñar agitadamente y a dar alaridos. Yo temí que querían pelearse y me empecé a preocupar. Los machos parecía que se querían morder uno al otro y, para evitarlo, empecé a gritarles. --- ¿Qué se traen? ¡Apacígüense! ¡Sepárense! Uno de éllos se avalanzó sobre otro como queriéndole morder la oreja. Al ver eso, decidí hacer algo más que simplemente gritarles. Con mi palo, le di un golpazo al más agresivo. Gritó adolorido, volteó y me persiguió. Me asustó bastante pero la persecusión no duró mucho porque, de algún modo, logré subirme al árbol más cercano. Se detuvo y me hecho el ojo mientras yo le decía ---Dispénsame, cuate, pero te lo merecías. Tuve que hacer algo antes de que lastimaras a alguien. Tú comprendes, ¿verdad? Voy a bajarme ya. No me vas a corretear de nuevo ¿verdad?

No me bajé del árbol hasta que volteó a reunirse con los demás puercos. No le iba a tener confianza mientras estaba frente a mí. Para cuando por fin me bajé y me les arrimé, ya estaba muy calmado, ¡gracias a Dios!

Creo que el calor los había alterado tanto que lo único que podían hacer para aliviar su frustración era agredirse unos a los otros. En seguida divisé, a la distancia, un árbol alto y frondoso que ofrecía bastante sombra y los dirigí hacia él. De inmediato, se acostaron y unos pronto se pusieron a dormir. Yo aproveché la oportunidad para sentarme a comer mi merienda. Pero antes me aseguré de sentarme donde no me molestaran. Normalmente, a los cerdos les gusta compartir lo que uno come. Pero esta vez han de haber estado bien llenos y cansados porque comí sin que me molestaran. Permanecimos bajo el árbol por un largo rato.

Tan luego que los rayos del sol perdieron su intensidad, los marranos empezaron a despertar y a alborotarse. Antes de comenzar nuestro regreso a casa, decidí conversar con éllos.

---¡Atención todos! Ya estamos listos para regresar al pueblo pero antes de iniciar el viaje quiero darles las gracias por haberse portado tan bien. Bueno, todos menos uno de ustedes, quien quizo amanarse conmigo por haberle dado un golpe con mi palo. Pero tan luego que se dio cuenta de que se lo había merecido, dejó de perseguirme. Gracias, mi cuate. Espero no tener más problemas en el camino porque sé que todos se van a portar bien, ¿verdad?

Se mantuvieron callados mientras les hablaba pero cuando terminé mi discurso, comenzaron a hacer toda clase de ruidos. Con esos ruidos me imaginé que me estaban dando la razón.

La temporada lluviosa estaba en su apogéo y, por lo tanto, les rogué que no se desvalagaran. --Manténganse en el camino a casa y apresúrense. No queremos que la tormenta nos empape. Yo traigo mi impermeable pero la lluvia nos podría causar problemas con los miembros más pequeños del rebaño. Sean buenos conmigo, ¿Sí?--

Caminamos a paso lento hacia el pueblo. Después de haber caminado unos cuantos kilómetros, la manada dejó de caminar repentinamente. Los machos empezaron a bufar extrañamente y los pequeños comenzaron a refunfuñar mientras clavaban la vista en algo que veían a lo lejos. Yo me adelanté hacia al frente del rebaño para investigar. A lo lejos, podía ver algo que parecía ser un perro grande caminando hacia nosotros. Para ahuyentarle el miedo a los puercos, me puse a platicar con éllos.

---Oigan, no tengan miedo. Es sólo un perro. No les hará daño. Su dueño ha de estar en los arbustos que están al lado del camino. Todo va a estar bien. Sigamos adelante antes de que aquellas nubes negras suelten su agua y nos empapen---.

Los puercos, seguían alborotados y parecían estar listos para correr hacia la dirección opuesta. Yo empecé a hacer mucho ruido. Comencé a cantar a pecho abierto y a gritar lo más fuerte que pude, al mismo tiempo que avanzaba hacia el extraño animal. --¡Oye! --le grité---. ¡Seas lo que seas, quítate de ahí! ¡Estás obstruyendo nuestro camino!

Yo sabía que no podría comerse a todo el rebaño pero sí se podría comer al menos un puerco. Con mi honda lancé una piedra, esperando simplemente asustarlo. Pero tuve suerte. Le pegué al tiro. Al sentir el golpazo de la piedra, el coyote dio un chillido de dolor, se echó a correr y desapareció. Tanto orgullo sentí porque le había atinado al tiro que grité ---¡Que bueno que le pegue! ¡Gracias, Diosito! Ahora, por favor, mantenlo lejos de nosotros y permítenos llegar a casa a salvo.

Al voltear hacia atrás, no vi a ninguno de mis cerdos. Toda clase de pensamientos negativos me llegaron a la mente y exclamé ---¡O, Señor! ¡Y si había más coyotes y el que espanté era simplemente un señuelo para hacerme alejar del rebaño! ¡Por favor, Señor! ¡Que no sea cierto lo que estoy pensando!

Al recobrar el sentido, me di cuenta de que quizás había reaccionado equivocadamente. Luego pensé ---Pero entonces, ¿dónde están? Al acercarme más, empecé a oir sus movimientos, sus resopléos y sus gritos. Los encontré acostados bajo un árbol, a un lado del camino y grité de puro gusto.

---¡Oigan, cuates! ¡Qué gusto me da encontrarlos aquí! Siento mucho haberlos dejado solos por un rato pero tenía que tratar de ahuyentar a ese coyote. Ustedes comprenden ¿verdad? Ahora déjenme cerciorarme de que todos están aquí. Sí, todos se encuentran aquí. Ahora vámonos a casa. Espero haber asustado a ese coyote bastante para que se mantenga alejado de nosotros. Mantengan los ojos abiertos por si acaso regresa--.

Las nubes se estaban poniendo más obscuras a cada minuto y había relámpagos y truenos que nos pusieron nerviosos. Por suerte, la tormenta no empezó hasta que el rebaño se encontraba en su corral. Mi impermeable evitó que me mojara en el camino a mi casa.

Inútil sería decirles que mi mamá se sentía feliz al verme llegar a casa. ---¡Julio! ---gritó al verme. --¿Cómo te fue hoy, hijo?—me preguntó. Espero que no hayas tenido problemas. Te ves cansado. Entra y siéntate. Te voy a preparar una taza de té calientito para que te caliente el cuerpo un poco--. agregó.

---Estoy bien, mamá ---le aseguré---. Sólo estoy cansado y un poco con frío. Nada interesante me pasó. Tuve unos cuantos problemas pero Dios estuvo con nosotros todo el día. Te platicaré de éso después de descansar un poco--. Luego, Mamá extendió una cobija en el suelo y me acosté en élla.

Mis hermanos habían estado escuchando nuestra conversación y estaban ansiosos por oir lo que nos había pasado a los cerdos y a mí. No me creyeron que habíamos pasado el día sin que nada interesante nos hubiera pasado. Mientras estaba acostado, se me amontonaron rogándome que les contara todo lo que nos había pasado.

---¡Bueno, bueno! Pero no sé si pueda mantenerme despierto durante mi narración. Estoy muy cansado y tengo mucho sueño –les advertí. --A-ja-a-a-a ---vostecé. En nuestro regreso a a-a ca-sa, a-a-ja-a, las ca-a-bras se de-tuvie-ron de re-pente y yo-fui pa-ra en-fren-te a in-ves-tigar. A-ja-a-ja-a. Por favor, dé-jenme dor-mir. Les-con-ta- ré to-do lo-que quie-ran maña-na. Tengo-mucho sue-ño. Me mue-ro de sue-ño.

Fingiendo un ronquido, cerré los ojos y me hice que estaba dormido. Oyí a mi mamá que les dijo --¡Déjenlo en paz! ¿Qué no ven que está dormido? ¡Retírense de él! ¡Déjenlo dormir-.

Yo estaba sonriendo por dentro porque sabía lo ansiosos que estaban por mantenerme despierto. Pero sí tenía mucho sueño y no supe realmente cuando me quedé dormido.

Cuando desperté de mi siesta, forzosamente tuve que terminar mi narración. No me pude escapar. Les conté todo lo que nos había pasado y hasta le agregué cosas que no habían sucedido. Habían esperado casi dos horas para que despertara y pues tuve que hacer mi cuento más interesante. No sé si me creyeron todo pero quedaron muy contentos.

5

JULIO PIDE QUE LE REGRESEN SUS CABRAS

Las semanas pasaron sin ningún evento interesante en mis actividades diarias. Para ponerle más emoción a mi vida, tuve una junta con Manuel, con el que hacía cambios de trabajo, para hablar de nuestro trabajo. Nos conocíamos desde nuestros días en la escuela. Era dos años mayor que yo.

---Oye, Manuel, ¿cómo vas con tu trabajo? ¿Te gusta pastorear cabras? ¿Has tenido alguna aventura espantosa como la que tuve yo el año pasado? Tú sabes. Aquella vez que los gruñidos de pumas me forzaron a pasar toda la noche trepado en un árbol.

---Sí. Sí me gusta mi trabajo y no, no me ha pasado nada semejante ---contestó---. Me acuerdo bien de ese día. Todos nos preocupamos por ti. Pensamos que algo terrible te había sucedido cuando no regresaste con tu rebaño esa noche. ¿Fue cierto lo que dijiste que te había pasado? Algunos de nosotros pensamos que fueron inventos tuyos ---agregó.

---¡Oye, Manuel! ¡Sí tuve el susto de mi vida! No hubiera pasado fuera de mi casa por tanto tiempo si no me hubiera visto forzado a pasar la noche entera trepado en un árbol. Quizás el puma no se encontraba tan cerca como yo creía, pero no iba a arriesgarme. De todos modos, eso pasó hace mucho tiempo. Hablemos de hoy, ¿está bien?

---Muy bien. ¿De qué quieres hablar? Debíamos de cambiar chambas de nuevo. ¿Lo harías? ---me preguntó Manuel.

---¡Oye, es buena idea! ¿Cómo supiste de lo que quería que habláramos? ---le pregunté.

---Yo no sabía ---me contestó--. Se me acaba de ocurrir. Lo cierto es que no me ha pasado nada emocionante. No es que quiera que me dé un mal susto una puma como a ti te sucedió, pero no tengo inconveniente en que me regreses mis cabras. ¿Crées que podemos hacer el cambio? ---me preguntó.

---Déjame eso a mí. Yo hablaré con el Señor León. Estoy casi seguro de que no se opondrá. Y si así es, nada perdemos –le contesté.

---Muy bien –asentó. ¡Buena suerte! ---me dijo.

Sin hablar con el Sr. León de mi conversación con Manuel, le planté la idea. ---Señor León, ¿está bien que Manuel y yo hagamos un cambio de chambas otra vez? Necesito más emocion y ejercicio. Los cerdos me forzan a pasar mucho tiempo parado o sentado. Descanso demasiado. ¿Qué dice? ¿Podemos hacer el cambio?

---¿Estás seguro de que quieres hacerlo? ¿Te has olvidado de la espantosa noche que pasaste en el árbol hace mucho tiempo y de que las cabras no dejan de caminar? ---el señor me preguntó.

---Sí, sí me acuerdo –le contesté--. Pero ya tengo once años y creo que puedo hacerlo. Siento que ya puedo caminar y correr con las cabras ahora que estoy más grande ---agregué.

Ha de haber percibido mi determinación porque me dijo ---Está bien. Creo que ya puedes. Hablaré con Manuel. Si está de acuerdo, no tengo ningún inconveniente . Pero acuérdate. Si por alguna razón quieres otro intercambio, házmelo saber y lo planearemos. Pero no creo que me pedirás otro cambio. Estoy seguro de que ambos querrán quedarse con su propio rebaño.

Por la tarde del siguiente día, después de que Manuel y yo regresamos nuestros rebaños a sus corrales, el Señor León se reunió con nosotros.

---Manuel, Julio quiere saber si quieres cambiar de trabajo de nuevo por un tiempo. ¿Qué dices? Al vernos sonreir uno con el otro, dijo ---Algo me dice que ya habían decidido hacerlo. ¿No es cierto?

---Sí, señor ---contestó Manuel--. Perdón si no debíamos de haberlo hecho sin consultarlo con usted. Pero los dos pensamos que era buena idea. Pero, supongo que usted cree lo contrario ¿verdad?

---Oigan, muchachos. A los dos les tengo confianza ---contestó---. Yo no me opongo a su idea. Sé que hacen buen trabajo con cualquier rebaño. Háganlo. Pero avísenme cuando quieran terminar el cambio. ¿Están de acuerdo? ¿Quiéren comenzar mañana? ---nos preguntó.

---¡Claro que sí! ---contestamos al mismo tiempo.

---¡Muy bien! Asegúrense de avisarles a sus padres lo del intercambio ---nos ordenó.

 El siguiente día, al salir el sol, recogimos nuestros rebaños. Antes de salir a los campos, Manuel y yo nos reunimos para desearnos buena suerte en nuestras 'nuevas' chambas.

---Buena suerte, Julio ---me dijo Manuel---. ¡Acuérdate! Cuando alguno de los dos desee hacer otro cambio, tenemos que avisarle al Señor León. Pero tenemos que estar de acuerdo los dos. ¿De acuerdo?

¡De acuerdo! Pero esperemos que no sea muy pronto ---contesté.

Nada nuevo ocurrió en nuestras rutas por un tiempo, con la excepción de un cansancio tremendo que sentía todas las noches. Me aseguré de no llevar a las cabras muy cerquitas de la cerca al pie de la montaña. No quería que se repitiera lo que me había sucedido el año anterior. Muy pronto, sin embargo, pasó algo que me hizo comprender que tendría más problemas con las cabras que con los cerdos.

La temporada lluviosa estaba en su apogeo. En esta temporada, las nubes normalmente aparecen de repente y sueltan su chaparrón también cuando menos lo espera uno. Y así pasó este día.

Caminando detrás del rebaño, pronto noté que una cabrita había caído al suelo. Yo intenté animarla a que se levantara y siguiera caminando. ---Ándale, chivita, sigue caminando –le dije. Cuando vi que no pudo, la levanté diciéndole ---Muy bien. Te llevaré en mis brazos por un rato. Después de que descanses, podrás caminar--. Pero a pesar de que la lluvia no cesaba, la puse en el suelo y le ordené que caminara, pero fue inútil. La tuve que levantar de nuevo y, al hacerlo, vi que había caído otra.

¡Ay, Diosito! ---grité. ¿Qué voy a hacer si otra se cae? Tengo nada más dos brazos. Por favor, Señor, no permitas que caigan más. ¡No podré cargarlas! ¿Otra? ¡Oh, no! ¡No más, por favor! ¿Ahora qué hago? Lo siento, chiquitas, pero tengo que dejarlas. Regresaré por ustedes más tarde. ¡Que Dios las cuide!

La tormenta continuó y también nuestro caminar. Al acercarnos al rancho, dos más cayeron. Ahora eran cinco las desvalidas. A pesar de que temía que un coyote las encontrara y se las comiera, me llevé dos en los brazos y dejé las otras tres. ---El Señor León ahora pensará que el cambio de chambas fue una idea estúpida ---yo pensé.

Por segunda vez en casi dos años de chambear con el Sr. León, temía perder mi trabajo. Afortunadamente, llegamos a casa sin perder otra cabrita. Esperaba que el Sr. León comprendiera que no podía hacer nada más que dejar a los animalitos. Si alguien me hubiera dicho que esto sucedería durante las tormentas, no hubiera salido con la idea del cambio de chambas de nuevo. Ahora sólo Dios me podrá ayudar a retener mi trabajo.

Para cuando llegamos a la casa del Sr. León, la tormenta había cesado. Llevé las cabras a su corral y fui a enfrentarme con él, esperando lo peor.

---¿Qué pasó? No pudiste llegar a casa antes de que empezara la tormenta? ¿Perdiste algunas cabras? ---me preguntó el Sr. León.

---Cinco de las pequeñas cayeron y ya no pudieron caminar. Tuve que dejar tres. Lo siento mucho, señor. Nunca había tenido este problema. Pero ahorita mismo me regreso a recogerlas. Aquí muy cerca quedaron ---le expliqué.

---Espera un minuto, Julio ---me dijo. No quiero que te preocupes por esto. Es un problema que siempre enfrentamos durante la temporada lluviosa. Tú no eres el primero que se siente impotente cuando los chivitos no pueden caminar durante una tormenta. Mandaré a dos hombres para que te ayuden a traerlos. Esperemos que estén a salvo.

Pocos minutes después, regresamos con las cabritas que se habían desabilitado por la lluvia. Se reunieron con sus madres, quienes pronto y gustosas las dejaron mamar su leche. Muy pronto, se miraban retozantes y alegres como siempre. El Sr. León se veía muy contento también.

6

JULIO SE DECIDE POR LOS CERDOS

Esa misma tarde, Manuel vino a verme y hablamos de otro intercambio de trabajo. ---Julio –me dijo--. Supe del problema que tuviste hoy. Sabes, éso no es nada inusual. Durante la temporada lluviosa, cuando yo cuidaba las cabras, a menudo tuve ese mismo problema y el Sr. León sabe que esas cosas pasan. Yo no me preocuparía, si fuera tú. Pero si quieres hacer otro cambio, con gusto lo haré. Los cerdos pueden ponerse bien mañosos. ¿Qué dices? ¿Quiéres que te los regrese?

---Sí, hagamos el cambio –le contesté---. Creo que prefiero aguantar las mañas de los cerdos que preocuparme por las cabras pequeñas. Haremos el cambio mañana. Pero primero tenemos que avisarle al Sr. León. Vamos a verlo ahorita ---le sugerí.

---No, hagámoslo mañana ---Manuel objetó---. Estoy muy cansado y quiero irme a casa ---agregó.

---Muy bien. Pero no se te olvide estar en su casa más temprano de lo normal para hablar con él ---yo insistí.

Muy temprano por la mañana del día siguiente, tocamos su puerta y el Señor León salió. ---Buenos días muchachos ---nos saludó---. ¿Qué pasa? ¿Cómo es que están aquí tan temprano? ¿Algo pasa o están listos para terminar el cambio? Después de lo que le pasó a Julio ayer, casi estoy seguro de que te pedirá que cambien de nuevo. ¿Estoy en lo cierto? No te sientas mal si eso es lo que quieres, Julio. Te quiero repetir que lo que pasó contigo no es inusitado. Los chivos pequeños simplemente no pueden caminar durante una fuerte tormenta.

---Tiene razón, señor León. Sí lo discutimos y queremos hacer el último cambio. Gracias por ser tan comprensivo. Queremos empezar hoy. Por eso venimos muy temprano ---le aclaré.

---Muy bien, muchachos. Se está hacienda tarde. ¡Ándenle! ¡Váyanse a trabajar! ---nos ordenó.

---¡Ya nos vamos! ¡Gracias! –ambos gritamos y corrimos hacia nuestros respectivos corrales.

Abrí el corral de los puercos y los guie hacia el camino más cercano. Lo seguimos por un tiempo. Pronto nos dirigimos hacia las parcelas cosechadas, donde los trabajadores habían dejado bastante comida para los puercos y para la gente ansiosa de recoger unos cuantos artículos de comida. Maíz y calabaza son las cosas sembradas en esta región. Había bastante maíz, aún en la mazorca, considerado no cosechable. Durante la cosecha, estas indeseables mazorcas quedan en el suelo donde los cerdos gozan encontrándolas y tragándoselas.

Después de unas cuantas horas, dejamos esta área y nos dirigimos hacia otra. De nuevo, los cerdos se tragan con avidez todo lo que se encuentran. Muy pronto, sin embargo, los rayos del sol se intensificaron y los puercos se pusieron impacientes. Divisé un árbol sombroso y nos dirigimos hacia él. De uno por uno, se echaron al suelo y algunos hasta empezaron a roncar. Esta fue la oportunidad que yo necesitaba para sentarme a comerme mi merienda.

Una hora más tarde, emprendimos el camino de nuevo. Llegamos a un camino, lo cruzamos y llegamos a un nuevo lugar de pasto. Las cosechas principales aquí son la sandía y el melón. Está situada al norte de una área anegada por las lluvias. Ese sitio ya tenía mucho tiempo anegado y se había convertido en un enorme pantano. Era un lugar no frecuentado por los puerqueros. A los puercos les encanta revolcarse en el lodo. (Supongo que toda la gente sabe que el revolcarse en el lodo es el pasatiempo favorito del puerco.) Les encanta meterse al agua y con el hocico sacar lo que pueden encontrar.

Todo iba bien por un tiempo hasta que un miembro de nuestra comunidad, José Rodríguez, se acercó a platicar conmigo. Trazamos una conversación que duró tan largo rato que me olvidé por completo de mi rebaño. Para cuando me acordé de los cerdos, vi que algunos ya se habían metido al agua. Entonces fue cuando me di cuenta de que tenía problemas. El señor Rodríguez y yo corrimos detrás de éllos tratando de evitar que se metieran los demás. Pero llegamos muy tarde. Se metieron y pronto empezaron a jugar en el lodo. Los más grandes se metieron a lo más hondo y metían el hocico para sacar lo que podían encontrar.

Pensando que el problema lo había causado él, José se metió al agua para sacar a los cerdos. El agua le llegaba a la rodilla pero se levantó las piernas del pantalón y siguió adelante. Corrió agilmente en el agua gritando ---¡Ándenle, bestias cochinas! ¡Sálganse del agua! ¡Ya es tarde y tienen que regresar a su casa! ¡Ándenle pronto! Se quitó el cinto y empezó a pegarles en la rabadilla. Tuvo éxito con casi todos pero uno se volteó y trató de atacarlo. Pero José era grande y fornido y no le tuvo miedo. Le siguió pegando hasta que lo hizo salir y reunirse con los demás puercos.

Al salir él y los puercos del agua, me dijo ---Ese pantano está lleno de esos animalitos. Mira mis piernas y dime cuantos puedes ver pegados a mi piel.

---Creo que seis o siete. No sé. Puede haber más ---le dije---. ¿Qué son esos? ¿Puedes quitártelos? ¿Qué hacen? –le pregunté

---Se llaman 'sanguijuelas' y te chupan la sangre ---me contestó--. ¿Se te han pegado a ti alguna vez?---me preguntó.

---No, nunca---le contesté---. Y espero que nunca me pase eso ---agregué.

---Pero tú también te metiste al pantano. Averigüemos. ¿Sientes algunos pegados a tu piel? Vamos a ver. Levanta las piernas del pantalón ---me ordenó.

---Está bien, pero no siento nada---. ¡Uuuh! Me estremecí haciendo muecas de horror al notar que tenía tres pegadas en el tobillo. ¿Cómo se quitan? ¡Apúrate, apúrate y quítamelas! –le supliqué.

--No te preocupes. Te voy a quitar las tuyas con jabón y las mías con un cigarillo--.

 Me las quitó muy pronto y, luego, prendió un cigarrillo y quemó las de él. Mientras tanto, los cerdos se pusieron a refunfuñar y a gritar. Parecía que se estaban burlando de nosotros. Éllos también traían algunas sanguijuelas pegadas en los pelos pero se les caían al caminar.

Antes de despedirnos, José se disculpó conmigo. ---Siento mucho haberte causado este problema. Si no hubiera parado a platicar contigo, no hubiéramos tenido que meternos al pantano y no se nos hubieran pegado las sanguijuelas. Pero todo terminó bien, ¿verdad? ---me preguntó.

---Sí. Estoy de acuerdo. Pero no te disculpes. Fue más bien mi culpa. En realidad me enseñaste una buena lección sobre las sanguijuelas. Yo no sabía nada de éllas. De hoy en adelante, si algún día tengo que meterme a un pantano y salgo con sanguijuelas en las piernas, no les tendré mucho miedo. Gracias, José, y nos veremos alguna otra vez. Adiós ---le dije.

Tan luego que se alejó José, junté mis cabras y empezamos el viaje de regreso a casa. Cuando llegamos, el Sr. León salió de su casa y me preguntó ---¿Cómo te fue, Julio? ¿Viste a alguien en el campo?

---Bueno, sí---le contesté---. El Señor José Rodríguez paró a platicar conmigo por un rato y mientras platicábamos, los cerdos se metieron a un pantano cercano lleno de sanguijuelas. Tuve miedo, me da vergüenza admitirlo, pero....

---Ya sé. José me dijo lo que pasó ---me interrumpió---. También me dijo que te habías portado como un hombre al decirle que el incidente fue más bien culpa tuya que de él. Eso habla muy bien de ti, Julio. Estoy orgulloso de ti. Trata de ya no acercarte a ese pantano para que te evites esos problemas con las sanguijuelas. No has de querer que te chupen la sangre, ¿verdad?---me preguntó.

---No me harán eso, ¿verdad? Eso me mataría, ¿no?—pregunté.

---¡No, no, no! No harán eso porque te las puedes quitar ---me aseguró.

---Señor León, para asegurarme de que mi sangre esté a salvo, me aseguraré de que los cerdos no se acerquen a ese pantano. Puede estar usted seguro. Hasta mañana ---le dije.

---¡Perfecto! Hasta mañana, Julio ---me dijo.

Esa noche, después de una cena hecha de tortillas de maíz, frijoles y salsa picante, nos reunimos con mi madre porque tenía algo que decirnos.

---Escuchen, hijos. No podemos seguir así. Ya trabajamos cuatro y aún así no comemos bien. Hay una familia de tres en el pueblo que se va a los Estados Unidos cada año y regresa con mucho dinero después de trabajar por algunos meses. Me aseguran que ganaríamos mucho más allá en un día que lo que ganamos aquí en una semana. Trataré de conseguir dinero prestado para irnos por tren ---nos dijo.

---¿Nos vamos a ir todos a los Estados Unidos, mamá?—con ansias le pegunté.

---Así lo espero, Julio. Pero por lo pronto no lo sé. Si puedo conseguir bastante dinero, nos iremos todos. No me gustaría dejar a ninguno de ustedes aquí. Sería mejor estar todos juntos. Ya lo veremos ---me contestó.

7

JULIO SE DESPIDE

Después de que mi mamá nos dio la noticia, fui a despedirme del Sr. León y de Manuel. Cuando llegué a la casa del Sr. León, toqué en la puerta y el señor salió de inmediato. ---¡Julio! exclamó sorprendido---. ¿Qué haces aquí a esta hora? ---me preguntó.

---Mi mamá nos acaba de decir que nos vamos a ir a los Estados Unidos de America y tenemos que salir para San Antonio mañana temprano ---le contesté. Usted fue bueno al darme mi primer trabajo y quise venir a darle las gracias y a despedirme de usted. Siento mucho no haber podido darle la noticia antes. A pesar de los pocos problemas que me dieron sus rebaños, estuve a gusto en la chamba y quería darle las gracias por confiar en mí con sus animales. Muchísimas gracias, Señor León--agregué

---No hay de qué, Julio. Fue un placer para mí poder ayudar a tu familia. Les deseo mucha suerte. Si de veras se van a los Estados Unidos, te deseo mucha suerte en tus estudios. Estoy seguro de que irás a la escuela allá porque me han dicho que a los niños no se les permite salir a trabajar durante el año escolar hasta los dieciseis años de edad ---me aseguró---. Y si no te vas a los Estados Unidos, aquí siempre tendrás trabajo conmigo ---agregó.

---¿Está usted seguro de que los niños tienen que asistir a clases hasta los diez y seis años? ¿Y si sus padres quieren que se salgan de la escuela para trabajar? ---le pregunté.

---No estoy muy seguro pero eso es lo que me han dicho ---me contestó---. Has crecido bastante aquí pero apenas tienes doce años. ¿No te gustaría regresar a la escuela?—me preguntó.

---¡Claro que sí! Me gustaría terminar mis estudios para poder conseguir un mejor trabajo. ¿A quién no le gustaría eso?---le contesté. Pero si no puedo ir a la escuela, estoy dispuesto a trabajar en lo que sea para ayudar a mi familia –agregué.

---Te has convertido en un buen hombrecito, Julio ---me dijo--. Pero, acuérdate. Si tienes la oportunidad de ir a la escuela, ponle mucho empeño. Quizás puedas convertirte en maestro, en doctor o en abogado. ¡Buena suerte! –agregó

---Aprovecharé la oportunidad. De eso esté seguro ---le prometí. Muchas gracias y adiós, Sr. León ---le dije.

Cuando llegué a la casa de Manuel, él estaba afuera jugando con su perro. Él también se sorprendió al verme.

___¿Qué haces aquí a esta hora, Julio? ¿Pasa algo? ---me preguntó.

---No, todo está bien. Sólo vine a despedirme de ti ---le contesté.

---¿Por qué? ¿Adónde vas? ---me preguntó.

---Mi mamá nos acaba de notificar que nos vamos para los Estados Unidos y tenemos que irnos para San Antonio antes de la ida al norte. No quise irme sin despedirme de ti—le contesté. Pero si no salimos para el norte luego luego, vendré a visitarte algunas veces ---le prometí.

---Sí, estoy seguro de que vendrás a visitar a tu pueblito de vez en cuando. Búscame cuando lo hagas, ¿sí?—me dijo.

---Claro que lo haré ---le prometí---. Bueno, creo que me tengo que ir. Vamos a salir para San Antonio muy temprano mañana y vale más irme. Adiós. Cuídate y cuida tu rebaño ---le dije.

---Claro que sí---me prometió---. Tú también cuídate. Espero que nos veamos pronto. Adiós---agregó.

En el camino hacia la casa, la idea de irnos a los Estados Unidos me intrigaba y me excitaba bastante. Aunque aún no sabía si en realidad yo iba a irme, varias preguntas invadían mi mente:

---Si en realidad me voy para los Estados Unidos, ¿cómo será el viaje? ¿Qué voy a hacer ya estando allá? ¿Iré a la escuela como dice el señor León o pasaré el resto de mi vida trabajando en el campo? Y si voy a la escuela, ¿llegaré a ser alguien más importante que un simple trabajador del campo?

Pero luego me puse a pensar en que no hablaba el inglés. Y por más `que trataba de sacar esas ideas de mi cabeza, no podía. Se metían y salían de mi cabeza con tesón. Pero estaba seguro de que el idioma sería un obstáculo al principio pero que con el tiempo lo podría aprender. ¡Por Dios que sí se puede!

Printed in the United States
By Bookmasters